PENGUIN READERS
EN ESPAÑOL

Queridos padres y educadores:

¡Bienvenidos a Penguin Readers! Como padres y educadores, saben que cada niño se desarrolla a su propio ritmo en términos de habla, pensamiento crítico y, por supuesto, lectura. Por eso, a cada libro de Penguin Readers se le asigna un nivel de lectura fácil (1-4), detallado a continuación. ¡Penguin Readers presenta autores e ilustradores de renombre, cuentos sobre personajes favoritos, libros informativos fascinantes y más!

LECTOR INICIAL
Vocabulario sencillo • Repetición de palabras • Claves de la ilustración • Cuento y estructuras de la oración predecibles • Temas e ideas familiares

LECTOR EN PROGRESO
Oraciones más largas • Diálogos sencillos • Claves de la ilustración y del contexto • Desarrollo más profundo de la trama • Información y ficción

LECTOR EN DESARROLLO
Palabras polisílabas y compuestas • Más diálogo • Diferentes puntos de vista • Historias y personajes más complejos • Mayor variedad de géneros

LECTOR AVANZADO
Vocabulario más avanzado • Texto detallado y descriptivo • Estructura de oraciones complejas • Desarrollo profundo de la trama y los personajes • Gama completa de géneros

Para Dashka y Jojo, mis anclas en cualquier tormenta—SJ

PENGUIN YOUNG READERS
Un sello editorial de Penguin Random House LLC
1745 Broadway, New York, New York 10019

Publicado por primera vez en los Estados Unidos de América en inglés como *TIME for Kids: Weather* por Penguin Young Readers, un sello editorial de Penguin Random House LLC, 2025
Edición en español publicada por Penguin Young Readers, 2025

TIME for Kids © 2025 TIME USA, LLC. All Rights Reserved.

Traducción al español de Yanitzia Canetti

Créditos de la fotografía: cubierta, 3: PeopleImages/iStock/Getty Images; 4: Khanh Bui/Moment/Getty Images; 5: (izquierda, arriba) StockPlanets/E+/Getty Images, (izquierda, abajo) Lyn Walkerden Photography/Moment/Getty Images, (derecha) Abstract Aerial Art/DigitalVision/Getty Images; 6: Brian Bonham/500px Prime/Getty Images; 7: Cheunghyo/Moment/Getty Images; 8: miljko/E+/Getty Images; 9: Oleh_Slobodeniuk/E+/Getty Images; 10: (arriba) Peter Cade/Stone/Getty Images, (abajo) Sunphol Sorakul/Moment/Getty Images; 11: Bruce Wilson Photography/iStock/Getty Images; 12: Antoninapotapenko/iStock/Getty Images; 13: Eloi_Omella/E+/Getty Images; 14: KonArt/iStock/Getty Images; 15: Slavica/E+/Getty Images; 17: Enrique Díaz/7cero/Moment/Getty Images; 18: janiecbros/E+/Getty Images; 19: mdesigner125/iStock/Getty Images; 20: Novarc Images/Jonas Piontek/mauritius images GmbH/Alamy Stock Photo; 21: (arriba) PeopleImages/E+/Getty Images, (abajo) puhimec/iStock/Getty Images; 22: akrassel/iStock/Getty Images; 23: (izquierda) Colors Hunter/Chasseur de Couleurs/Moment/Getty Images, (derecha) JillianCain/iStock/Getty Images; 24: cokada/E+/Getty Images; 25: Hannah Bichay/DigitalVision/Getty Images; 26: (izquierda) E.erik/iStock/Getty Images, (derecha) msan10/iStock/Getty Images; 27: Jenny Dettrick/Moment/Getty Images; 28: ConstantinCornel/iStock/Getty Images; 29: Danny Lehman/The Image Bank/Getty Images; 30: Jason E. Vines/Moment/Getty Images; 31: Byrdyak/iStock/Getty Images; 32: amriphoto/E+/Getty Images; 33: Jure Batagelj/500px/500px Prime/Getty Images; 34: Chad Cowan/500px Prime/Getty Images; 35: Tokarsky/iStock/Getty Images; 36: antonyspencer/E+/Getty Images; 37: Science Photo Library/NOAA/Brand X Pictures/Getty Images; 38: john finney photography/Moment/Getty Images; 39: mack2happy/E+/Getty Images; 40: chuchart duangdaw/Moment/Getty Images; 41: David Bailey/Nashville/DigitalVision/Getty Images; 42: JJ Gouin/iStock/Getty Images; 43: Emad aljumah/Moment/Getty Images; 44: sshepard/E+/Getty Images; 45: Tatiana Gerus/Moment/Getty Images; 46: M Swiet Productions/Moment/Getty Images; 47: Phillip Espinasse/500px/500Px Plus/Getty Images; 48: Photos by R A Kearton/Moment/Getty Images

Penguin Random House apoya la protección de los derechos de autor. Los derechos de autor estimulan la creatividad, fomentan la diversidad de voces, promueven la libertad de expresión y crean un ambiente cultural vivo. Gracias por comprar una edición autorizada de este libro y por cumplir con las leyes de derechos de autor al no reproducir, escanear ni distribuir cualquier parte de este en cualquier forma sin permiso. Estás apoyando a los escritores y permitiendo que Penguin Random House continúe publicando libros para todos los lectores. Ninguna parte de este libro puede ser utilizada ni reproducida de ninguna manera con el propósito de entrenar tecnologías o sistemas de inteligencia artificial.

Visítenos en línea: penguinrandomhouse.com

Los datos del registro de la Catalogación en la Publicación (CIP) de la Biblioteca del Congreso están disponibles.

Manufacturado en China

ISBN 9780593889565 (tapa blanda)   10 9 8 7 6 5 4 3 2 1 WKT
ISBN 9780593889572 (tapa dura)   10 9 8 7 6 5 4 3 2 1 WKT

La editorial no tiene ningún control sobre ni asume ninguna responsabilidad por los sitios web de la autora o de terceros ni por su contenido.

El representante autorizado en la UE para la seguridad y cumplimiento de este producto es Penguin Random House Ireland, Morrison Chambers, 32 Nassau Street, Dublin D02 YH68, Irlanda, https://eu-contact.penguin.ie.

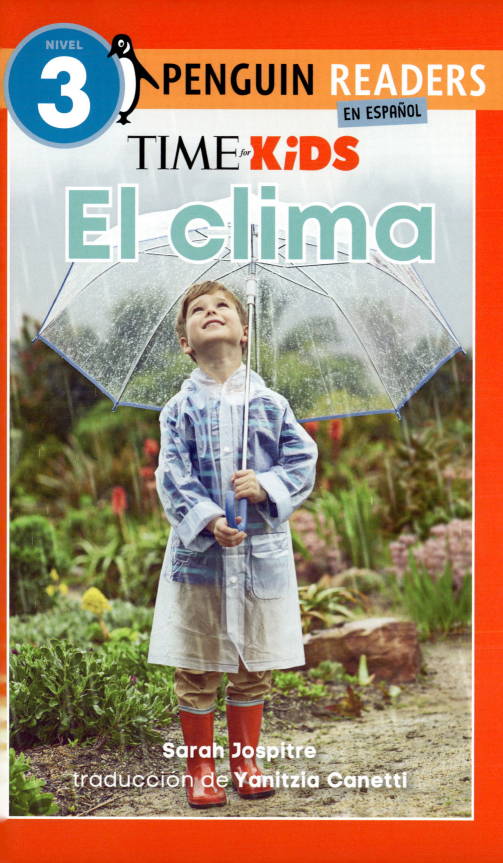

NIVEL 3

PENGUIN READERS
EN ESPAÑOL

TIME for KiDS

El clima

Sarah Jospitre
traducción de Yanitzia Canetti

Nubes fantasmales de niebla se extienden por la ciudad.

El día perfecto para jugar en la nieve.

Charcos enormes de lluvia, listos para saltar en ellos.

Remolinos de polvo girando sin parar. Todos estos son efectos del clima. Pero ¿qué es el clima?

El *clima* se refiere a las distintas condiciones que ocurren en la atmósfera. Puede ser seco, húmedo, frío, caluroso, tormentoso, tranquilo, despejado o nublado. El clima varía en todo el mundo.

Echemos un vistazo a algunas condiciones climáticas.

La niebla

¿Alguna vez has deseado caminar entre las nubes? Pues lo más probable es que ya lo hayas hecho... ¡a través de la niebla, claro!

Al igual que las nubes en lo alto del cielo, la niebla es una nube que toca el suelo. Está compuesta por gotas de agua o cristales de hielo que forman el vapor de agua, que es agua en estado gaseoso. Cuando este vapor se condensa y vuelve a su forma líquida,

el aire se enfría. La niebla aparece cuando hay partículas de polvo en el aire, un clima muy húmedo y caluroso o un clima frío y húmedo acompañado de vientos suaves. A veces, estas nubes son tan densas que resulta difícil ver a través de ellas.

La niebla también puede formarse cuando el aire frío se encuentra con aire cálido y húmedo sobre el agua o la tierra; cuando el aire caliente sopla sobre una superficie de agua fría; o cuando la lluvia desciende del aire caliente al aire frío cerca del suelo.

La niebla se puede ver en valles y áreas costeras cerca de grandes cuerpos de agua. Por lo general, se forma durante la noche o temprano en la mañana cuando el aire es fresco. En lugares más fríos, la niebla puede durar todo el día.

El viento

El viento es el movimiento del aire. Desde brisas ligeras hasta huracanes, el viento es causado por cambios en la temperatura del agua, la tierra y el aire. Algunos de los vientos más fuertes forman ciclones y tornados.

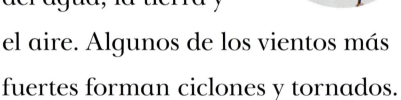

Los vientos en la Antártida pueden alcanzar velocidades de 200 millas por hora. ¡Más rápidos que algunos autos deportivos!

El viento afecta en gran medida al clima. Transporta aire caliente a áreas frías y puede llevar lluvia, nieve, polvo y arena a lugares donde antes no había nada de eso. Por ejemplo, los monzones en el sur de Asia traen lluvias durante el verano porque el aire cálido y húmedo del océano se desplaza hacia tierras más frías.

Desde la aparición del ser humano en la Tierra, hemos aprovechado el viento de diversas maneras. Por ejemplo, en el año 5000 a. e. c., se utilizaba la energía eólica para mover barcos a lo largo del río Nilo, en África. Hoy en día, los molinos de viento alimentan máquinas que generan electricidad.

El rayo y el trueno

El rayo es una gran chispa de electricidad en el cielo. Al golpear el suelo, puede ser muy peligroso para las personas y los objetos cercanos. Como el rayo tiende a impactar en los objetos más altos, es importante alejarse de los árboles y las montañas durante las tormentas.

¿Sabías que caen alrededor de 100 rayos sobre la Tierra cada segundo? En los Estados Unidos, caen alrededor de 25 millones de rayos por año.

Los cristales de hielo y las gotas de agua en una nube transportan cargas eléctricas positivas y negativas. Las gotas con cargas positivas flotan en la parte superior de la nube, mientras que las negativas se quedan en el fondo. Cuando se acumula demasiada carga eléctrica en una nube, se forma un campo eléctrico que produce rayos. Cuando las cargas positivas y negativas se juntan, se genera el rayo, que puede alcanzar una temperatura de 54 000 °F. ¡Eso es aproximadamente cinco veces más caliente que la superficie del sol! Este proceso de acumulación y combinación de cargas se repite hasta que ya no hay suficientes partículas cargadas para producir rayos.

¿Sabes cuáles son las probabilidades de ser alcanzado por un rayo? ¡Una entre 15 300!

Dependiendo de lo que atraviesen, los rayos pueden verse de diferentes colores. Por ejemplo, durante las tormentas de nieve, pueden aparecer en tonos rosas y verdes.

El trueno es el fuerte sonido que produce un rayo. Es tan estruendoso debido al intenso calor que generan los rayos. Cuando la electricidad de los rayos calienta los gases en el aire, estos se expanden, creando un sonido atronador. Cuanto más fuerte es el trueno, más cerca estás del rayo.

Dado que la luz viaja más rápido que el sonido, vemos los rayos antes de escuchar los truenos. El sonido puede variar, desde un suave estruendo hasta un poderoso estampido.

Se cree que el lugar con mayor cantidad de rayos en la Tierra es el lago Maracaibo, en Venezuela, donde hay rayos casi la mitad de los días del año.

La lluvia

La lluvia es agua en forma líquida que cae del cielo. Cuando las nubes se saturan de pequeñas gotas de agua, estas caen en forma de lluvia. La lluvia es la principal fuente de agua dulce del mundo y ocurre en casi todas las regiones de la Tierra.

Uno de los lugares más lluviosos del planeta es el Monte Waialeale, en Hawái. ¡Allí llueve unos 350 días al año!

Todos los seres vivos necesitan agua para sobrevivir. Tanto la escasez como el exceso de lluvia pueden ser perjudiciales. Cuando no llueve lo suficiente, las sequías pueden dejar a los organismos sedientos y en peligro de muerte. Por otro lado, un exceso de lluvia puede causar inundaciones, que ahogan plantas y animales.

Uno de los lugares más secos de la Tierra es el desierto de Atacama, en Chile. Allí casi no llueve. ¡En algunas partes de este desierto no ha llovido en cientos de años!

Hielo: granizo, nieve y las ventiscas

El hielo es la forma sólida del agua. Se presenta en condiciones climáticas específicas como granizo, nieve y ventiscas.

Imagina toneladas de cubitos de hielo cayendo del cielo. Así es como el granizo llega al suelo. El granizo son trozos de hielo que caen desde las nubes. Cualquier tipo de agua que cae de las nubes se llama precipitación. El granizo, la lluvia, la nieve y la aguanieve son ejemplos de precipitación.

El granizo se forma cuando la lluvia es elevada hacia las partes más frías de una tormenta y se congela en la atmósfera antes de caer. Puede ser difícil ver a través del granizo cuando cae.

Los diminutos cristales de hielo que caen al suelo se llaman nieve. Cuando estos  cristalitos se agrupan, forman copos de nieve. Los copos tienen diferentes formas, como estrellas, agujas o platos, dependiendo de la temperatura en el momento de su formación. ¡Un copo de nieve puede contener más de 100 cristalitos de hielo!

Durante el invierno, la nieve cae en las regiones frías, lo cual ayuda al medioambiente y a los organismos vivos. Como la nieve refleja la mayor parte del calor del sol, contribuye a mantener el planeta fresco. También provee agua para animales y personas cuando se derrite en primavera. Pero si la nieve no se derrite durante muchos años, se forman glaciares o enormes capas de hielo.

Cuando se combinan temperaturas frías, fuertes vientos y mucha nieve, tenemos una tormenta de nieve llamada ventisca. En los Estados Unidos, ocurren principalmente entre diciembre y febrero y pueden durar más de tres horas. Pueden cerrar carreteras y sistemas de transporte, además de interrumpir las líneas eléctricas. En lugares fríos como la Antártida,

donde soplan vientos intensos, las ventiscas son frecuentes. Cuando una ventisca dificulta ver dónde termina el suelo y comienza el aire, se habla de "resplandor blanco".

Tormentas: tormentas eléctricas, tornados y ciclones

Las tormentas son alteraciones poderosas en la atmósfera que traen viento y, a veces, lluvia, nieve, rayos y truenos.

Una de las tormentas más comunes es la tormenta eléctrica: una tormenta  con truenos y rayos que a menudo también incluye nubes densas, lluvia intensa o granizo y vientos fuertes.

Las tormentas eléctricas pueden ser violentas pero cortas. Se producen cuando el aire húmedo y caliente sube rápidamente a las partes más frías de la atmósfera, y ocurren en todos los países del mundo. A medida que el aire se enfría y se forman nubes y gotas de lluvia, se desarrollan rayos dentro de las nubes. Los rayos son la característica más peligrosa de una tormenta eléctrica. El aire se expande a medida que los rayos lo calientan rápidamente, provocando el sonido del trueno. El aire enfriado por la lluvia se mueve muy rápidamente hacia el suelo y provoca

fuertes vientos.

Algunas tormentas eléctricas son lo suficientemente poderosas como para

crear tornados e incluso una serie de tornados llamados "familia de tornados". Los tornados son tormentas donde poderosos remolinos de viento forman una columna desde las nubes hasta el suelo. Estas tormentas son las perturbaciones más pequeñas pero más violentas de la Tierra, con vientos de hasta 300 millas por hora.

Aunque pueden formarse casi en cualquier lugar de la Tierra, la mayoría de los tornados ocurren en la región de las Grandes Llanuras de los Estados Unidos. Varios tornados que se forman sobre una amplia región se denominan "brote" o "familia de tornados". Durante el superbrote de 2011, se formaron más

de 300 tornados en 15 estados de los Estados Unidos.

Un ciclón tropical, como un huracán, es una fuerte tormenta giratoria de poderosos vientos y lluvias que comienza sobre las cálidas aguas oceánicas cerca del ecuador. Algunos ciclones permanecen sobre el mar, mientras que otros pasan sobre la tierra. Se debilitan cuando pasan mucho tiempo en tierra o sobre aguas frías.

Los ciclones tropicales son peligrosos porque causan inundaciones y pueden arrastrar grandes objetos en su trayectoria, ¡como barcos! El centro de un ciclón se llama el ojo de la tormenta.

¡En un huracán pueden caer más de 2,4 billones de galones de lluvia por día!

Calor: olas de calor, sequías y remolinos de polvo

El calor extremo es un período de altas temperaturas de más de 90 °F. Cuando las temperaturas por encima de lo normal, con o sin alta humedad (altos niveles de vapor de agua en la atmósfera), duran más de dos días, tenemos un evento meteorológico denominado ola de calor. Una ola de calor

puede dañar los cultivos, matar el ganado, aumentar el riesgo de incendios forestales (un incendio incontrolable en un bosque, pradera u otro ecosistema) y provocar cortes de energía y apagones. Las olas de calor también pueden reducir el suministro de agua.

Otro fenómeno meteorológico que puede afectar al suministro de agua es la sequía. Las sequías ocurren cuando no llueve durante mucho tiempo. Pueden ser perjudiciales para las personas, las plantas y los animales. Ocurren debido a cambios

en la atmósfera de la Tierra, como cambios en el viento y en las corrientes oceánicas.

Las sequías pueden ocurrir en todo el mundo, en cualquier momento, y pueden ser extremas o normales. Por ejemplo, los lugares que experimentan estaciones de lluvia y estaciones secas suelen tener una sequía estacional durante los meses más secos. Las peores sequías pueden durar meses o

años. Esto dificulta el crecimiento de los cultivos y hace que las plantas, los animales e incluso las personas mueran de hambre o falta de alimentos.

Un remolino de polvo es un torbellino corto pero fuerte que ocurre cuando la superficie de la Tierra es calentada por el sol. A medida que el suelo se calienta, calienta el aire sobre él. Este aire caliente se eleva, luego comienza a girar, creando

el movimiento de torbellino de un remolino de polvo.

Los remolinos de polvo se ven debido al movimiento circular del polvo, las hojas y otros desechos sueltos que recogen. Aunque son pequeños, pueden dañar o destruir estructuras pequeñas como casas. Ocurren en lugares como Arizona, donde llueve poco y las sequías son más probables.

El arcoíris

Un arcoíris es una banda multicolor en el cielo. Se forma cuando la luz del sol atraviesa el agua en el aire. Esto hace que la luz se refleje y refracte (o se doble) en las gotitas de agua separándose en siete colores: rojo, naranja, amarillo, verde, azul, índigo y violeta. Esta serie de colores se denomina espectro de la luz.

Los arcoíris son círculos completos, no arcos. Desde el suelo, solo vemos la mitad del círculo.

Dependiendo de factores como el ángulo del sol y el tamaño de las gotitas de agua en el aire, un arcoíris puede durar desde unos pocos minutos hasta una hora. Los arcoíris pueden formarse en cualquier parte del mundo, pero son más comunes en áreas tropicales, como la isla de Kauai, en Hawái. Hawái es conocido como el Estado del Arcoíris.

La Tierra es el único planeta del sistema solar con arcoíris. Esto se debe a que la Tierra es el único planeta donde la precipitación líquida y la luz solar directa son constantes.

El clima se presenta en muchas formas, tamaños, tipos y grados de peligro, desde templado y agradable, como el arcoíris después de una tormenta, hasta peligroso o desastroso. ¿Cómo es el clima donde vives?